学力を問い直す

——学びのカリキュラムへ——

佐藤　学

表紙デザイン＝村田道紀
写真撮影＝児玉房子
(表紙写真は本文とは関係ありません)

岩波ブックレット No. 548

一　混乱する学力問題

錯綜する論議

「学力低下」を危惧する議論が活発に展開されています。今のままでは子どもの学力は危機的状況を迎え、大学教育は機能麻痺《まひ》に陥り、日本経済は国際的競争力を失ってしまう。文部科学省が推進する「ゆとり教育」はその元凶であり、二〇〇二年度から実施される教育内容の三割削減は直ちに中止し政策転換をはかる必要がある、というのが、「学力低下」を危惧する人々の主張です。

文部科学省は、当初は「学力は低下していない」と反論していましたが、「学力低下」を危惧する声がマスメディアによって拡大すると、「基礎学力の徹底」を打ち出し、習熟度別指導や少人数指導を推進して、学力向上の重点校をつくる方針を提出しています。

はたして、学力は本当に低下しているのでしょうか。学力が低下しているとすれば、どこに原因があるのでしょうか。そして、学力を向上させるために、いったい何をどうすればいいのでしょうか。

「学力低下」の議論は、その出発点においては「大学生の学力危機」を憂える声にありました。

西村和雄（京都大学経済研究所教授）と戸瀬信之（慶應義塾大学経済学部教授）が、『分数ができない大学生』（岡部恒治ほか編、一九九九年）という本の中で、トップレベルの大学生の一〇人に二人が分数計算ができないという衝撃的な調査結果（一九九八年）を発表したのが出発点です。西村と戸瀬の指摘はセンセーショナルでしたが、大学生の学力に対する危機感は、大学に勤める者の大半の意識を代表するものでした。国公私立大学の学長に「学生の学力」について尋ねた一九九九年のアンケート調査では、八三・六％の学長が「低下している」と答えています。

この「大学生の学力低下」の背景としては、大学入試科目の多様化と少数化、高校における選択重視の教育課程、さらに大学における教養教育の解体に加え、バブル崩壊後の就職難による高等教育の進学率の上昇という、いくつかの直接的要因を見ることができます。

それにしても、西村と戸瀬の調査結果を見ますと、「トップレベル」の大学の経済学部でこれほど数学の学力が低下しているのに、なぜ入試科目に数学を指定しないのかという疑問がわきます。

サミュエルソンの経済学が入門テキストになって以来、経済学部は「数学部」と言ってよいほど、講義内容の中に数学があふれています。数式をほとんど載せていない『政治・経済』の教科書で経済学のイメージを抱いた高校生は、大学の経済学部に入学した途端、経済学のイメージの違いに驚くに違いありません。

私立大学の場合、経済学部の受験生は、通常、国語と英語が必修で、社会（日本史、世界史、地理、公民、政治経済）などの一教科を選択して受験するので、数学については中学校を卒業した時からわずかしか学習していません（私立の中高一貫校の中には、文部科学省には内緒で受験科目以外の授業は受けなくても単位がもらえる学校も存在します）。

しかも、ほとんどの大学は、大学設置基準の緩和（一九九一年）以降、教官にとって負担と感じられてきた教養教育を解体しています。西村と戸瀬の調査結果を見ると、入学後、途方にくれる経済学部の学生の姿が目に浮かぶようです。

この調査結果から対処すべき施策は、まず第一に経済学部の入試科目に数学を指定することであり、入学後の教養教育を充実させる改革を行うことでしょう。少なくとも教育の論理から言えば、そういうことになります。

しかし、西村と戸瀬の主張は、大学入試の改革の議論としてよりもむしろ、マスメディアを通じて、調査結果にあらわれた「大学生の学力低下」は文部科学省の推進してきた「ゆとり教育」の責任であり「小学生、中学生、高校生の学力低下」によるものだ、という議論へと展開されました。ここから、「学力低下」をめぐる一大論争がスタートします。

西村と戸瀬の主張が、文部科学省の責任追及へと展開したのは、しかし、それなりの道理がありました。文部科学省は二〇〇二年度（高校は二〇〇三年度）から学校完全五日制の実施と併行して、「つめこみ教育」から脱出するために教育内容の三割削減を決定していたからです。これでは「大学生の学力低下」に拍車をかけてしまうという批判が、文部科学省の政策に疑問を抱いていた人たちから一斉にあがり、「大学生の学力低下」は、いつのまにか「小学生、中学生の学力低下」へと転換して議論が沸騰する展開をとげたのです。

しかし、「大学生の学力低下」は大半の大学人が実感していますが、小学生、中学生の「学力低下」は、多くの教師の実感にはなっていません。さまざまな学力調査の結果が検証されましたが、どの調査結果を見ても、「学力低下」は事実のようでもあるし、事実ではないようにも見えます。そもそも、学力の変化を長期的に調べた調査が存在しないのです。

いくつかの断片的な調査結果で類似の問題の比較を行うことは可能ですが、その結果を見ても学力に低下傾向は認められても、はっきり低下していると断定することは難しい。したがって、文部科学省が「学力低下」を実証する根拠はないと対応するのは決して居直りではなく、調査データで見る限り、そう言うほかはないからです。今後、参照可能な学力調査の結果をより仔細に分析する必要はありますが、マスコミが騒ぐほど「学力低下」を示す調査データが存在しないことは確かです。

ところが、「学力低下」をめぐる議論は、日増しにエスカレートしました。最初に同調して声をあげたのは受験産業です。この動きにも背景があります。

これまで莫大な利潤をあげてきた受験産業は、今、転業と倒産の危機に直面しています。大学の入試は、進学率の停滞と少子化のために募集定員と受験生とが逼迫《ひっぱく》し、大学が受験生を選ぶ時代から受験生に選ばれる時代へと変化しています。全国に一〇〇〇以上の大学と短大が存在していますが、入学者を早めに確保するために推薦枠が拡大し、どの大学も入試選抜は行っていても受験生全員を合格とする事態がかなりの大学と短大で生じています。受験しただけでパソコンをプレゼントする大学や短大もあるほどです。

この変化は受験産業を直撃しており、実際、大手の予備校で、今後も受験産業を続ける方針を固めているのは、資本金が少なくて転業がはかれない企業か、大量の講師を正規に雇用しているためリストラに踏み切れない企業だけです。受験競争の終焉と少子化という二重の危機によって受験産業は存亡の危機に立っているのです。

転業と倒産の危機は、高校受験、私立中学受験を対象とする受験産業も同様です。一般には受験生の私立中学志向が言われていますが、実態は逆で、バブル崩壊後、私立中学の受験者数は三割も激減しました。中学受験と高校受験を扱う受験産業も、バブル崩壊後、三割も収益を落としています。「学力低下」のエスカレートした議論は、受験産業にとっては親と子どもの不安をかきたてて顧客を増やす「棚から牡丹《ぼた》餅《もち》」のような話であることは間違いありません。

こうして、有名進学塾から「学力低下」の実態が「模擬テスト」や「公開テスト」の結果によって、いくつも提示されました。いずれも年を追うごとにテストの成績は低下していますが、どの調査データも「学力低下」を示す信頼性のあるデータとは言えません。年次ごとの母集団が異なっているからです。

かつて有名な進学塾や予備校は、有名大学に入るより難しい「入塾(校)試験」を課していました。しかし現在、「入塾(校)試験」を課している有名な進学塾や予備校は、そのほとんどが全員を受け入れています。東京都では、高校生全体の学力分布で七割までの生徒が、かつては東大に入るより難しいと言われた有名な進学塾や予備校に通っているのが実態です。テストの平均点が低下するのは当然なのです。したがって、平均点の低下は生徒の「学力の低下」を示しているのではなく、その進学塾や予備校の「ステータスの低下」を表現していると解釈すべきでしょう。

「学力低下」による教育政策

しかし、私は、子ども（小学生、中学生、高校生）の学力は、大学生の学力ほどではないにせよ、いくつかの側面で危機を深めていると認識しています。それを裏づける確かな調査データも存在します。いくら「学力低下」を示す説得的な調査データが存在しないとは言え、これだけ人々が危機感を抱いて議論しているのですから、それ相応の根拠はあると考えなければなりません。その「学力の危機」がどこに存在するのかについては、この小論でこれから順を追って検討してゆきますが、その前に「学力低下」論のその後の展開をたどっておきましょう。

「学力低下」問題をエスカレートさせた勢力の一つは経済界でした。『日本経済新聞』を中心に表明された経済界の危機感は、それ相応の根拠をもっています。経済界の人々が主張するように、日本経済の飛躍的な発展は、どの国にも負けない充実した「基礎教育」による質の高い労働力と勤勉な精神に基礎づけられてきました。「学力低下」が事実であるとすれば、これまで質の高い勤労者を養成してきた基礎教育は崩壊しますし、文部科学省による教育内容の三割削減は、国際競争に打ち勝つエリートの養成を阻んでしまう危険があります。これらはすべて、リアリティのある危機認識と言ってよいでしょう。

二〇〇〇年に入ると、「学力は低下していない」と断言していた文部科学省が動揺し始めました。まず、学習指導要領は「最低基準」であるという解釈が示されました。余談ですが、私は一〇年以上前から文部科学省に学習指導要領を「最低基準」とするよう提言してきました(たとえば、授業時数についても総授業時数を定め、各教科については最低と最高の幅で示して学校の裁量にまかせてよいと思います)。文部科学省の言う「最低基準」の意味は、教師が教室で学習指導要領より高い内容を教えてもよいという意味です。この「最低基準」という性格づけは一部は真実ですが、一部は詭弁です。一部が詭弁であるというのは、教科書の検定において学習指導要領を「最低基準」として扱っていないからです。実際、文部科学省は、学習指導要領は「最低基準」と性格づけながらも、当初は、教育内容三割削減を厳密に行っていない教科書は検定で不合格にすると述べていました(二〇〇一年九月になって文部科学省は、高校理科に限って学習指導要領以上の内容を記載しても不合格にはしないという見解を示しましたが、それ以外の教科書は依然として学習指導要領の基準によって教育内容の三割削減が厳密にチェックされていました)。

ところが二〇〇一年に入ると、「学力低下」論は文部科学省の内部にも飛び火しました。一月五日の読売新聞で、文部科学省の小野元之事務次官は「ゆとり教育見直し」を宣言するにいたります。こうして、「学力低下」論は、文部科学省の内部も含め、教育関係者のすべてを巻き込む議論へと発展しました。

「学力低下」論に対する文部科学省の政策として、もう一つ複雑な問題があります。教育の機会均等(平等)をめぐる問題です。

教育内容の三割削減は、もともとは経済同友会の「公教育スリム化論」(一九九五年)に代表される新自由主義の市場原理主義と競争主義の政策を基盤として提起されました。その段階の文部科学省は、中央教育審議会の答申を受け、「横並びの画一主義の克服」と「義務教育の複線化」を掲げていました。「悪平等の見直し」が叫ばれ、「学力も個性」という言い方もされていました。学習指導要領を「最低基準」とする考え方は、当初は、この「義務教育の複線化」と直結する危険をはらんでいました。しかし、文部科学省の政策は、義務教育費国庫負担制度を擁護する立場を鮮明にすることにより、教育の機会均等を実現する文部科学省の責任を明確化する必要を再認識し、やがて新自由主義・市場原理主義の政策を批判する立場へと移行しつつあります。

たとえば、二〇〇一年八月、文部科学省は「学力向上フロンティア・スクール構想」を打ち出し、〇二年度から四七の都道府県ごとに各一〇校ずつの小中学校を選び、全国で約一〇〇〇校の「学力向上フロンティア・スクール」を定めると宣言しました。「学力向上フロンティア・スクール」と呼ばれる学校では、小学校段階から教科担任制を採用し、教師を多めに配置して少人数指導の習熟度別授業を徹底させることが謳われていました。この重点学校は、義務教育段階の公立学校の中にエリート校をつくる政策となる危険を含んでいました。実際、この動きに素早く反応した『週刊現代』(二〇〇一年九月一日号)は、「実名一挙掲載・文部科学省が選ぶ重点エリート校はここだ」という表題の特集を組み、都道府県別に予想される学校名を掲載しています。「学力低下」論に乗じ「学力向上」のエリート校づくりと「義務教育の複線化」を推進する危険性は確かに存在したのです。

「義務教育の複線化」の危険性は「コミュニティ・スクール」設立の動きにも見られました。

二〇〇一年九月、文部科学省は、新しく発足した中央教育審議会に「教育改革国民会議の一七の提案」の一つである「コミュニティ・スクール」の具体化を諮問しています。それに呼応して自民党と民主党は「コミュニティ・スクール法案」を準備していました。

「コミュニティ・スクール」は〈地域の学校〉と名づけられていますが、アメリカの「チャーター・スクール」(公費で賄われる私立学校)の日本版であり、教育委員会が認定した学校に「企業体」として自由にカリキュラムをつくり教員人事を行う権限を与えて、公立学校の民営化を促進する学校です。しかし、この「義務教育の複線化」の動きも、文部科学省の政策が次第に新自由主義の政策から離脱するに連れて影を潜めつつあります。

しかし、文部科学省の政策が新自由主義から離脱しつつあるからと言って、「学力低下」の危機に対する過剰反応による「義務教育の複線化」や「公教育のスリム化・民営化」の危機が弱まっているわけではありません。都道府県ごとの教育改革において、市場原理主義による能力主義と学力テストによる競争主義の教育、数値目標による学校と教師に対する官僚的統制、学校選択制度や中高一貫教育の推進による「義務教育の複線化」、人件費削減による教員採用のパートタイム化は過激に進行しています。実際、習熟度別指導の爆発的な普及は、文部科学省の政策というよりも、都道府県教育委員会の政策によるものです。地方分権化と規制緩和により、今や、都道府県教育委員会の統制は文部科学省による統制以上に強力に作用しています。その都道府県行政において新自由主義・市場原理主義の政策は強力に作用しています。

こうして、「大学生の学力低下」から出発した「学力」をめぐる議論は、文部科学省の「ゆとり教育」への批判、二〇〇二年度から実施された新学習指導要領の批判へと向かい、基礎教育とエリート教育に対する危機意識へと向かっています。それに対応して文部科学省では「基礎学力の徹底」を掲げて「習熟度別指導」と「少人数指導」の導入へと向かい、「学力向上フロンティア・スクール」あるいは「コミュニティ・スクール」の設置へと動いています。これら一連の改革の背後で、能力主義と競争主義を徹底する市場原理主義の教育政策と、それに対抗して教育の機会均等を擁護する平等主義の教育政策が激しいつばぜり合いを重ねています。

このように混乱し錯綜《さくそう》をきわめて展開している「学力低下」をめぐる議論の結果、何か一つでも問題の解決がはかられたでしょうか。

そもそも「学力低下」と言われていますが、小学校、中学校、高校のどの学校段階のどの学力がどう低下しているのかについて、いまだに明瞭ではありません。「危機」「危機」と言われますが、「学力低下」と呼ばれる危機は、いったい誰の危機であり、学力の何が危機なのでしょうか。その危機はどう解決すべきなのでしょうか。

これら肝心なことが一つも明らかにならないまま、すべてが予測と憶測で議論は混乱していいます。信頼すべきデータも確かにすべき事実も検討されないまま、文部科学省は教育内容の三割削減を断行し、しかも、その一方で「基礎学力の徹底」を打ち出し、さらに地方分権化のもとで都道府県教育委員会は学力テストを実施して学校間の競争を組織し、学校選択制度を導入し、中高一貫教育の選択的導入を推進し、習熟度別指導を学校現場に普及させて、事実上の「義務教育の複線化」を推進しています。

混乱しているのは、教育評論家を中心とするマスコミの議論や文部科学省だけではありません。最初は静観していた教師たちも混乱して、学校現場では「基礎学力」のドリル学習と定着テストが普及し、親や地域の批判を受けないように辻褄《つじつま》を何とか合わせようとしています。

しかし、その一つひとつに素朴な疑問がわいてきます。はたして、ドリル学習によって基礎学力は定着するのでしょうか。「読み・書き・算」の基礎学力の徹底は、新しい時代の要請に応えることができるのでしょうか。習熟度別の指導は、落ちこぼれの子どもたちに効果があるのでしょうか。教育内容が三割も削減され、もう一方でドリル学習が中心になる学校で、子どもたちは、創造的な思考力や表現力、批判的な思考力や判断力を育むことができるのでしょうか。「基礎学力の徹底」をはかる学習指導によって、勉強嫌いの子どもはますます勉強嫌いにはならないでしょうか。

これらの素朴な疑問はいずれも核心をついていると思います。たとえば、欧米諸国の教育改革は、産業社会から知識社会への転換を見通して教育内容のレベルアップを改革の中心課題としてきました。日本のように教育内容のレベルダウンに取り組んでいる国は存在しません。

「基礎学力の重視」についても、後述しますが、一九八〇年代にアメリカで断行された「back to basics（基礎に帰れ）」の運動は大失敗に終わった経験があります。

習熟度別・能力別の指導についても、一九七〇年代に各国で精力的に取り組まれましたが、その大半が失敗に終わっています。したがって現在、習熟度別・能力別指導を教育改革で推進している国は、少なくとも欧米の先進国には存在しません。「習熟度別指導」とは逆に、多様な能力や関心をもつ子どもたちが相互の違いをとおして学び合う「協同学習」の実現が、世界の教育改革の趨勢《すうせい》です。「学力低下」の危機を「義務教育の複線化」に結びつける政策などは論外です。

この小著で、私は、もつれにもつれた「学力低下」をめぐる事実と議論をできる限り明快に整理し、個々の対応策を批判的に検討しながら、すべての子どもの学力向上を実現する道筋を探究したいと思います。

「学力低下」が虚偽であると言うのでありません。それどころか、日本の「学力の危機」は、現在マスコミをとおして議論されている以上に深刻な社会問題であり、もっと大きな危機の予兆、社会の存亡に関わる危機だと思うのです。しかし、危機をめぐる議論はヒステリックに論じないよう留意すべきですし、信頼できるデータと事実に即した議論と経験に根ざした判断によって、検討しなければなりません。以下、次のような問いを立てて考察を進めることにしましょう。

① 最初に学力の実態はどうなっているのか、活用可能な調査データをもとにして、現在の日本の子どもの学力の特徴を整理しておく必要があります。

「学力低下」論は、学力の量的側面に限定していて、学力の質については問うていません。ここでは「学力の危機」のさまざまな質的な側面を提示することにします。

② なぜ、現代の日本で「学力の危機」が深刻化しているのかを、歴史的、社会的に認識しておく必要があります。学力をめぐる歴史的、社会的な認識は、これからのカリキュラムと学びのあ

り方を考える上で重要です。

③「学力低下」に対する対応策について批判的に検討する必要があります。「基礎学力の徹底」「習熟度別指導」「少人数指導」などは、それぞれ学力の向上に有効な方法なのでしょうか。そして、学力の向上をはかるとすれば、どういう方法が有効なのでしょうか。日本と諸外国の経験を総括しつつ、教育学の知見を提示したいと思います。そして、「学力の危機」に対して、文部科学省が推進すべき政策についても言及するつもりです。

④そして最後に、「学力低下」をめぐる議論を踏まえて、新しい学びとカリキュラムを創造する提言を述べたいと思います。

※なお、二〇〇六年二月の十二刷において、二〇〇一年の初刷時以降の変化をふまえてこの章に加筆・訂正を加えました。

二　学力の実態——何が問題か

学力について議論するためには、まず学力という言葉の意味を明確にし、学力の実態を明らかにする必要があります。特に「学力」という言葉は曖昧に使われているために、議論が錯綜しがちです。

学力とは何か

文部科学省は「新しい学力観」として「知識・技能」だけでなく「関心・意欲・態度」を含む「生きる力」として「学力」を再定義しようとしていますし、また、人によっては「学力」には「見える学力」と「見えない学力」が、あるいは「測定できる学力」と「測定できない学力」があると言う人もいます。さらには「生きて働く学力」という言い方で、詰め込みの「学力」とは違う「学力」を表現しようとする人もいますし、「学力」を「学習の結果」ではなく「学習の能力」ととらえる主張もあります。

これだけ多様な意味で使われていると、「学力」の意味を一つに確定することは不可能です。実は、「学力」の意味がこれだけ拡張しているのは、日本の教育の特異な現象です。欧米諸国において、日本で言われる「学力」の意味は存在しません。

ここでは「学力」を英語の「achievement」として定義します。「学力」という言葉は、もともと「achievement」の翻訳語ですから、この定義に異議を唱える人はいないと思います。英語の「achievement」は、その名の通り「学校で教える内容」についての「学びによる到達」を意味しています。そして「学びによる到達」は、通常、テストで測定されます。「学力」という意味は、それだけの意味しか持っていません。この限定された意味で「学力」を定義したいと思います。

ちなみに「学力」の意味が拡張したり混乱したりするのは、「achievement」を「力」として見ているからです。「学力」という翻訳語の漢字の意味が事態をややこしくしています。つまり「achievement」の実体ではなく機能を見て「力」と認識しているのです。しかも「学力」という言葉は「achievement」の機能である「力」を実体として認識しているから、話がややこしくなっています。「力(power)」は「能力」であり「権力」です。「学びによる到達」が、「能力」として機能し「権力」として作動しているのは事実ですが、「achievement」の実体が「能力」であり「権力」であるわけではないのです。したがって、ここでは「学力」を「学校で教える内容」の「achievement」(＝学びによる到達)として定義することにします。

カリキュラムの変化を反映した学力データ

さて、学力の実態はどうなっているのでしょうか。

その実態を把握するためには信頼のおける調査データにもとづく必要がありますが、どんなデータも制約があり一面性をまぬがれません。なぜ計算問題が三点で文章題が一〇点なのか、なぜ分数の割り算の問題を出して小数の掛け算の問題を出さなかったのかと考えれば、どの学力テストもバイアスを含んでおり、ある視点から切り取った断面しかテストの結果が表現していないことは明らかです。その限界を認識した上で議論する必要があります。

子どもの「学力低下」を説得的に実証する調査データはありません。長年にわたる系統的な学力調査が行われてこなかったからです。しかし、これまでの信頼性のある学力調査の結果を類似した問題で比較することは可能ですし、過去の調査と同一問題の調査を行って比較することは可能です。これまでの調査結果の類似した問題の正答率で見る限り、小学生、中学生の学力は若干低下していますが、「学力低下」と断定するほどの結果は見られません。

ただし、一九七五年に国立教育研究所(現国立教育政策研究所)が実施した全国学力調査と同一の数学の問題を中学二年生に実施した澤田利夫(東京理科大学教授)の調査のように、「学力低下」を明確に示す調査が存在しているのも事実です。その結果を見ると、一九七五年の正答率が六〇・七%であったのに対して、二〇〇一年の正答率は五二・三%に低下しています。

この調査結果はしごく当然の結果と言えます。一九七五年という時期は、教育内容の現代化が進み、中学の数学の内容がもっとも高度になった時期で、その後、学習指導要領の内容は改訂ごとにレベルを落としてきました。一七問の正答率において八・五%の低下は、ほぼ教育内容のレベルの低下に対応しています。この調査で加減乗除の計算(基礎学力)では正答率に違いはありませんでしたが、方程式のように抽象度の高い内容で差が歴然としていました。すなわち、この調査結果は、「学びによる到達」の低下よりも、むしろ、「学校で教える内容」の低下を示す調査結果と言ってよいでしょう。

「学校で教える内容」の「学びによる到達」の調査として、文部科学省と国立教育研究所が一九八五年と一九九七年に実施した「教育課程の実施状況」に関する調査があります。その名のとおり、学習指導要領の内容の理解度を測定する調査です。

この二つの調査においては、澤田調査のような「低下」は認められませんでした。これもしごく当然の結果だと思います。学習指導要領のレベルが低下している以上、その実施状況を調査するテストもレベルが低下しているからです。つまり、一九八五年と一九九七年の平均点に著しい差がなかったことは、文部科学省の言うような「学力低下」の反証にはなりません。むしろ「学力低下」を傍証する調査結果と言うべきでしょう。

さらに厳密に言えば、この調査結果も、澤田調査と同様、「学びによる到達」の変化を表現する以上に、「学校で教える内容」の変化を表現していると言ったほうが正確です。つまり、「学力低下」と言われているものは、むしろ「カリキュラムの内容」の低下であることが多いのです。

各種の調査から見えてくること

学力の変化を長期にわたって継続的に比較した調査はありませんが、日本の学力を国際的に比較した国際教育到達度評価学会（ＩＥＡ）の調査結果（第一回〈一九六四年〉、第二回〈一九八一年〉、第三回〈一九九五年〉、および第三回の追跡調査〈一九九九年〉）はありますし、前記の文部科学省と国立教育研究所による「教育課程の実施状況」の調査データ（一九八五年、一九九七年）もあります。それらのデータにもとづいて言えることは次の諸点です。

第一に、国際教育到達度評価学会（以下、IEAと略記）の調査結果（表の1＝中学二年生の数学）に見るように、日本の子どもの学力は、世界の国々（地域も含む）の中でトップクラスを維持しています。

一九六四年には一二カ国中イスラエルに次いで第二位、八一年には二〇カ国中第一位、九五年には四一カ国中第三位（一位＝シンガポール、二位＝韓国）、九九年には第五位（一位＝シンガポール、二位＝韓国、三位＝台湾、四位＝香港）と順位では低下していますが、九五年の調査ではそれまで参加しなかったシンガポールと韓国、九九年の調査ではそれまで参加しなかった台湾が新たに参加した点を考慮すれば、一概に「低下」とは言えません。事実、一九九五年と一九九九年の同一問題の得点を比較しても、ほとんど差は認められませんでした。

第二に、日本の小学生と中学生の学力は世界でトップレベルを維持していますが、高校生の学力はどうなのでしょうか。あるいは大学生の学力は、そして大人の学力はどうなのでしょうか。小学生や中学生の学力の国際比較よりも、高校生や大学生の学力の国際比較、そして一般市民の学力の国際比較のほうが重要だと思うのですが、残念なことに、高校生や大学生や市民の学力を調べた大規模な調査は存在しません。

しかし、OECD（経済協力開発機構）が一九九六年に先進一四カ国（日本、カナダ、アメリカ、ベルギー、イギリス、デンマーク、フランス、ドイツ、ギリシャ、アイルランド、イタリア、オランダ、ポルトガル、スペイン）の一般市民を対象に行った「科学的知識」と「科学技術に関する関心」についての調査結果を見ると、日本の一般市民は「科学の深い知識」も「科学のある程度の知識」もポルトガルに次いで悪く一四ヵ国中一三位でしたし、「科学技術に興味がある市民」の割合も「科学技術に着目している市民」の割合も、一四ヵ国中最下位でした(たとえばトップであるアメリカにおいて五〇%以上の人が「科学に関心がある」と答えたのに対して日本は二〇%を下回っています)。

つまり、日本の小学生と中学生の学力は世界でトップレベルですが、大人(一般市民)の科学的教養や科学への関心は先進国の中で最下位にまで転落するというのが、日本の学力の実態です。今議論されている小学生や中学生の「学力低下」よりも、よほどこちらの方が深刻ではないでしょうか。

第三に、子どもの学力の質が問題です。

先のＩＥＡの調査と文部科学省と国立教育研究所の調査を総合すると、日本の子どもは、計算問題や事実の暗記を問う基礎的な事柄については良い成績を収めていますが、創造的な思考や科学の本質を問う問題や環境問題については世界の平均レベル、あるいはそれ以下の成績しか収めていません。基礎的な事柄の正答率が高く、創造的な思考や発展的な思考についての成績が低いのは日本以外の国の子どもも同様ですが、各国の正答率を比較し相対的に見た場合、日本の子どもの学力の弱点が「基礎」よりも「応用」や「発展」の領域にあることは明らかです。

なお、子どもの学力の特徴ではありませんが、ＩＥＡの調査で、教師が教育内容を自信をもって教えていると感じている生徒の割合が、日本は他の国々と比べて著しく低いことも指摘しておきたいと思います。

第四に、「学びからの逃走」と私が名づけている現象があります(佐藤学『「学び」から逃走する子どもたち』岩波ブックレットNo.524、二〇〇〇年)。

日本の子どもたちは小学校高学年から中学校・高校にかけて、大多数が学校の勉強を嫌悪し、勉強から逃走しています。かつて日本の子どもは、世界のどの国よりも勉強に意欲的に取り組んでいましたが、今や、世界でもっとも勉強を嫌悪し、勉強しない子どもへと転落しています。さまざまな調査データで見る限り、この「学びからの逃走」のほうが、「学力低下」よりもはるかに深刻です。

一九九五年のＩＥＡの調査結果によれば、日本の中学生は数学で四一ヵ国中チェコに次いで「嫌い」と「大嫌い」が多く、理科では四一ヵ国の中でどの国よりも「嫌い」と「大嫌い」が多いという結果を示しています。しかも、一九九五年と一九九九年の調査を比較すると、二つの教科とも「嫌い」と「大嫌い」が増えています。特に、数学では一九九五年から一九九九年にかけて「嫌い」が三六%から三八%へ、「大嫌い」が一一%から一四%へと変化し、わずか四年間で五%も「嫌い」と「大嫌い」を合わせた割合が増加しています。

校外の学習時間を調べると、「学びからの逃走」の実態はいっそう明瞭です。

一九九五年のＩＥＡの調査で中学二年生の校外の学習時間の世界の平均は三・〇時間でしたが、日本は二・三時間(塾を含む)で、比較可能な三七ヵ国中で三〇位でした。事態はさらに悪化しています。一九九九年の調査では、〈表の2〉に見るように、日本の中学二年生の校外の学習時間は一・七時間にまで落ち込んで三七ヵ国中三五位に転落しています。

この急激な変化は、他の調査でも傍証されています。東京都生活文化局の生活実態調査において一九九二年には、都内の中学二年生の二七％が自宅の学習時間がゼロでしたが、六年後の一九九八年の調査では、その割合は四三％まで増加しています。高校生においても事情は同じです。日本青少年研究所の二〇〇〇年の調査結果では、高校生の四二％が学校外でまったく学習していません。

長期にわたる中学生の変化を示す調査として、藤沢市の教育文化センターが一九六五年から五年ごとに市内の中学三年生全員に行っている「学習意識調査」があります。一九六五年と言うと、ちょうど私が中学三年生の年です。この調査を見れば、現在五〇歳を迎える私の世代から現在までの中学三年生の学習意識の変化を知ることができます。

「帰宅後の勉強時間」は一九六五年から二〇〇〇年にかけて「毎日二時間以上」が二〇・八％から一三・八％に減り、「ほとんど勉強しない」が一・六％から一一・九％に増加しています。「毎日ではなく、ときどきする」と「ほとんど勉強しない」の割合の合計は、一九六五年から二〇〇〇年にかけて三一・八％から五一・四％まで増加しています。なお、この調査を見ると、一九七五年度の数値が高いのですが、学習指導要領が難しくなった時期であることと高校入試が激化したことが背景として考えられます。

さらに、この資料における「勉強の意欲」の調査結果は、より端的に中学生の学習意識の変化を伝えています。「もっと勉強したい」と答えた生徒は一九六五年では六五・一％もいたのに対して、二〇〇〇年では二三・八％に激減していますし、逆に「勉強はもうしたくない」と答えた生徒の比率は、一九六五年の四・六％から二〇〇〇年の二八・八％へと激増しています（藤沢市教育文化センター『「学習意識調査」報告書』二〇〇一年）。

第五の学力の危機は、学力低下が階級・階層差に応じて浸透し、階級と階層の学力差を拡大再生産していることがあります。

苅谷剛彦（東京大学教授）は、苅谷たちが実施した一九七九年と一九九七年の高校二年生の調査を比較して、母親の学歴が低くなるに従って生徒の校外の学習時間が激しく減少している事実を紹介しています（苅谷剛彦「学力の危機と教育改革」『中央公論』二〇〇〇年七月号）。「学びからの逃走」が、階級や階層の低い子どもにおいて強く作用し、階級や階層の文化差がいっそう拡大する様相が苅谷の調査結果からも伺えます。

なお、IEA調査において、日本は、先進諸国の中では唯一、学年進行につれて男女の学力差が拡大する特徴を示しています。「学力低下」現象は、階級、階層の学力差を拡大しているだけでなく、男女の性においても学力差を拡大している現実に目を向ける必要があります。

第六の学力の危機は、大学生の「学力低下」としてあらわれています。大学生の「学力低下」は、西村、戸瀬の調査を始めとして多くの調査結果で裏づけられています。これについて、詳しく指摘する必要はないでしょう。

以上、現在の信頼できる調査結果から確かに指摘しうる六つの「学力」の危機をめぐる様相を示してきました。もう一度、その六点を概括しておきましょう。

第一に、日本の小学生と中学生の学力は、国際的な比較で見る限り、かつてより低下する傾向は示していますが、今も世界のトップレベルを維持しています。

第二に、日本は、小学生、中学生では世界のトップレベルの学力を保持していますが、一般市民の「科学的な教養」や「科学に対する関心」は、先進諸国(一四カ国)の中で最下位に位置しています。小中学生の「学力低下」よりも大人の教養の衰退の方が、はるかに深刻です。

第三に、日本の小中学生の学力は、得点では世界のトップレベルにあり、基礎的な内容に関しては高得点をとっていますが、創造的な思考や発展的な思考、自分の考えを表現する能力においては世界の平均レベルかそれ以下の得点しかとっていません。日本の小中学生の学力は、一九世紀型の基礎学力において強く、二一世紀型の創造的思考において弱い特徴を示しています。

第四に、子どもたちの大半が学年を追うに従って勉強嫌いになり勉強をしなくなる「学びからの逃走」が深刻化しています。数々の調査データは、子どもたちを襲っている「学びからの逃走」の方が「学力低下」よりもはるかに大規模であり深刻であることを示しています。

第五に、「学びからの逃走」と「学力低下」は、社会的に低い階級と階層ほど激しく作用しています。また、男女で言えば、男の子よりも女の子において強く作用しています。学力の危機は、文化資本において階級と階層の二極分解をいっそう促進する危険があります。

第六に、「大学生の学力低下」は、多くの大学人が指摘してきたとおり、年々深刻化しています。「大学生の学力低下」は、前記の五つの側面をもつ学力の危機の結果ですが、直接的には、大学における入試科目の削減と教養教育の解体、および、高校における選択科目の拡大の結果として理解する必要があります。

なぜ学力の危機が生じたのか

しかし、いったいなぜ、これら六つの側面にわたる学力の危機が生じたのでしょうか。その直接的な原因が、文部科学省の教育政策の失敗にあることは明らかです。文部科学省は、一九八一年以来、「ゆとり教育」を打ち出し「教育内容の精選」を繰り返してきました。一九九〇年代には「新しい学力観」を導入し、「知識や技能」よりも「関心・意欲・態度」を重視する評価方法を導入し、高校入試においても「学力」よりも「内申」を重視する政策を推進してきました。そして、一九九四年からは「総合学科」の高校を新設し、普通高校においても「選択中心の教育課程」を促進し、教養教育を解体する政策を推進してきました。さらには、大学入試を多様化し、一九九七年にセンター入試の科目を一八科目から三一科目に増やして、受験生の教養の断片化に拍車をかけてきました。そして、二〇〇二年度実施（高校は二〇〇三年度実施）の学習指導要領においては、「精選ではなく厳選」と銘打って小学校、中学校の教育内容を三割も削減し、高校では必修教科も「選択履修を基本」とすることで事実上、「保健・体育」を除くすべての教科を選択科目にする改革を断行しています。「学力低下」を危惧する人々が、文部科学省を激しく批判するのは当然のことと思われます。

しかし、文部科学省にも言い分はあると思います。「ゆとり教育」にしても「教育内容の精選」

や「厳選」にしても、「新しい学力観」や、「学力」よりも「人物」を重視する「内申重視の高校入試」にしても、「高校教育の多様化」にしても「選択中心の教育課程」にしても、「大学入試の多様化」や「受験科目の削減」にしても、いずれも国民と政治家が求めてきたことではないか、という反論の声が聞こえてきそうです。この反論の声は、そのとおりだと思います。

「学力低下」論が出るまで、文部科学省は、長い間、まったく逆の批判にさらされていました。「日本の教育は知育偏重であり、知識の詰め込み教育である」「教育内容が多すぎて落ちこぼれが大量に発生している」「受験競争の圧力が非行や暴力の原因になっている」「画一的教育が個性をつぶしている」「学力よりも人物を重視する評価にすべきである」などなど、文部科学省は、これまで「学力低下」論とは逆の批判にさらされ、それに応えるために懸命に改革を推し進めてきたのです。

しかし「学力低下」を主張する人々の批判が正しく、文部科学省の政策が誤っていたとしても、学力の向上のために「詰め込み教育」を復活させてよいわけがありませんし、「基礎学力の徹底」のために学校教育がドリル学習一辺倒になっていいわけがありません。さらに言えば、数十年前の受験競争を復活させることは不可能ですし、受験競争を復活させることはそれ自体、好ましいことではありません。

「学力低下」を危惧する人々の中には、「知識の詰め込み」と「読み・書き・算の反復練習」を学校に要求する人もいますが、そのような提案は時代錯誤も甚だしい議論ですし、そんな学校教育を実現しても、子どもたちはより激しく「学びから逃走」するだけでしょう。「学力低下」を指摘する人々の最大の弱点は、文部科学省の政策は厳しく批判できても、学力の向上をはかる教育が復古的に語られていることです。

つまり、「学力低下」論によって文部科学省を批判する人々も、その批判に応戦して対応策を講じる文部科学省も、いったい、なぜ、これほどの学力の危機が生じ、その危機を克服するためにどのような改革を推進しなければならないかを認識するにはいたっていないのです。ここに、学力の危機をめぐる核心的な問題が潜んでいます。

三　危機の背景——「学力神話」の崩壊

社会の持つ「学力」の尺度

学力の危機は、なぜ生じたのでしょうか。そして、子どもたちは、なぜ、これほど激しく「学びから逃走」しているのでしょうか。この問題を理解するためには、現代社会の激しい変化と学力の関係を認識する必要があります。

ここで再び、学力を定義したいと思います。先ほど、「学力」概念が混乱するのは、学力を「achievement」(学びによる到達)の実体と見るのではなく、「力」という機能において見ているからだと指摘しました。そして、さらには「力」(能力、権力)という機能を学力の実体と見てしまうところに「学力」概念をめぐる混乱が助長される原因があると指摘しました。その上で、「achievement」という原語に即して「学力」を「学校で教える内容」の「学びによる到達」と定義しました。この定義は学力の「実体」を表現したものです。しかし、社会と学力の関係を理解するためには、学力の「機能」をここで定義する必要があります。

学力を「力」(power：能力、権力)としてイメージするのは、学力の社会における機能をよく表現していると思います。学力を所有することは、何らかの「能力」を所有することですし、何らかの「権力」を所有することになるからです。私は、この学力の機能を「貨幣」と同一の機能として理解しています。驚かれるかも知れませんが、次の三つの性格を持つことからわかるように、学力は一種の貨幣なのです。

第一に、学力は、貨幣と同様、評価基準として機能しています。貨幣が多様で異質なものを数量的に比較して値踏みし価値づけるように、学力も多様で異質な学びの経験を一定の均質な尺度で値踏みし価値づける機能を果たしています。本来的に言うならば、音楽における学びの経験と英語における学びの経験と理科における学びの経験とを同一の点数で示し、総合したり比較したりするのはおかしなことです。しかし、学力は、むしろ、多様な異なる学びの経験を同一尺度で値踏みする評価基準であるところに機能的な意味を持っています。

第二に、学力は、貨幣と同様、交換手段として機能しています。貨幣は、所有することを誰もが拒絶しない唯一の商品であることによって、たとえ需要と供給の関係で物の一致が得られなくても、物と物を間接的に媒介し交換関係を実現させる機能をもっています。貨幣は、物々交換では偶然にしか実現しなかった交換関係を一挙に拡大し合理化しました。同様に、学力は、所有することを誰もが拒まない能力であることによって、受験の市場や労働の市場における交換手段として機能しています。学力は、入試や雇用の局面において、必ずしも一致しない採用者の要求と志願者の能力の関係を間接交換として合理化する機能を発揮しています。

第三に、学力は、貨幣と同様、貯蓄手段として機能しています。貨幣は貯蓄それ自体を欲望とする唯一の商品であることによって、経済活動に計画性と継続性をもたらし、さらには貯蓄の欲望は投資という経済活動も促しています。同様に、学力も、蓄積それ自体を欲望する唯一の教育概念であることによって、学習活動に計画性と継続性を与え、さらには蓄積の欲望が投資としての教育活動の基礎になっています。このように、学力は、機能の面で見ると、貨幣と瓜二つの特徴を示しています。

学力が「貨幣」であることは、いずれも観念によって抽象化された想像の産物であり、経済社会の状況に応じて、実質以上の価値を持つこともあれば、実質が伴わないと貨幣が紙屑同然になるのと同様に、無価値になってしまう危険があることを意味しています。貨幣の価値が通貨市場の相場において絶えず変動しているように、学力の価値も社会と経済の状況において絶えず変動しています。

私は、今日の日本の学力危機を、通貨危機としての学力危機、つまり「学力神話」が崩壊することによって、通貨の暴落に譬《たと》えられるような学力の暴落が生じているという仮説を立てて理解しています。この私の仮説が真実であるならば、今議論されている「学力低下」は、もっと大きな危機の到来を示す一つの予兆に過ぎないことになります。

「学力神話」の有効な社会とは

学力の機能を「貨幣」と定義した上で、まず「学びからの逃走」の背景について考察してみましょう。

校外の学習時間と学習する生徒の割合を示した一九九九年のＩＥＡの調査結果（表の２）を、もう一度ご覧ください。日本(一・七時間)、台湾(二・〇時間)、韓国(一・六時間)というように、東アジアの国々や地域が、いずれも校外の学習時間において世界で最低レベルであることがわかります。校外で学習する生徒の割合を見ると、やはり日本(五九%)、台湾(五五%)、韓国(五〇%)は、世界平均(八〇%)よりもはるかに下回って最低レベルにあることがわかります。調査対象となった東アジアの国としては、もう一つシンガポールがありますが、シンガポールは三・五時間でトップレベルに位置しています。しかし、一九九五年の調査の同じ項目でシンガポールは四・六時間であり、わずか四年間で一・一時間も減少させていることが重要です。一九五五年との比較で言うと、台湾は調査に加わっていないので比較はできませんが、日本は〇・七時間の減少、韓国は〇・九時間の減少、香港は〇・九時間の減少で、いずれもイランとキプロスを除く他の国々には見られないほどの激しい減少傾向を示しています。

すなわち、「学びからの逃走」は、東アジアの国々に特徴的な現象です。しかも、注目しておかなければならないことは、シンガポール、韓国、香港、台湾、日本は、いずれも学力成績において一位から五位までを独占している国々であることです。いったい、なぜ、東アジアの国々は、学力の成績では世界のトップレベルを独占しながら、「学びからの逃走」を激しく作用させているのでしょうか。

私は、「学びからの逃走」に端的に示される東アジアの国々の教育危機を「東アジア型教育の危機」と呼んでいます。ここで言う「東アジアの国々」とは、中国、北朝鮮、韓国、日本、台湾、香港、シンガポールの七つの国と地域を意味しています。なお、通常「東アジア」と言うと、マレーシアも含まれるのですが、宗教的な背景や歴史的な背景を考慮して、マレーシアは除外して考えています。

日本を含む東アジアの国々は、学力の競争によって社会移動（階級や階層の階梯の上昇）の活性化をはかる特有のスタイルで、教育と産業の「圧縮された近代化」を達成してきました。一九八〇年に日本の高校進学率は九四％、大学・短大の進学率は三七％に到達しますが、当時、ヨーロッパ諸国の全日制の後期中等教育の普及率は七〇％台、高等教育の進学率は一〇％台であり、日本よりも高い教育水準に達していた国はアメリカだけでした。欧米諸国が数世紀をかけて達成した教育と産業の近代化を、日本はわずか一世紀で凌駕《りょうが》したのです。

そして「圧縮された近代化」は韓国と台湾においては、もっと激しく作用し、日本が一世紀をかけて達成した教育と産業の近代化をわずか半世紀で達成しました。韓国の大学進学率は、日本（五〇％）をこえて六〇％に達しています。この「圧縮された近代化」を達成した秘密は、学力競争による社会移動の活性化にあります。東アジアの国々は、学歴競争と受験競争による効率性の高い教育を実現することによって、教育と産業の「圧縮された近代化」を達成したのです。世界のトップレベルの学力は、その所産です。

東アジア型の教育と産業の「圧縮された近代化」が、第二次世界大戦後の世界システムの特殊な条件によって支えられてきたことを無視することはできません。

冷戦構造の世界システムは、経済発展という点から見ると「平等」なシステムでした。資本主義国も社会主義国も先進諸国も開発途上国も、冷戦構造のもとではGNP（国民総生産）で年率約四％の割合で経済を発展させてきました。しかし、東アジアの国々は、朝鮮戦争とベトナム戦争の特需を受け、しかもアメリカの軍事戦略の陰で保護貿易を維持することによってGNPで年率一〇％前後の飛躍的な経済発展を遂げてきました。日本の場合は安保条約によって、戦前は国家予算の三割以上を占めていた軍事費を五、六％に縮小し、経済発展に莫大な国家予算を投じることができたことも無視できません。

一九七〇年から一九八五年にかけて日本はGNP比で四倍以上の上昇を達成しています。韓国も同様で、国民一人当たりのGDP（国内総生産）は、一九七〇年にはわずか数百ドルであったのに、二〇〇〇年には一万ドルに接近するまでに急成長しました。しかし、皮肉なことに、東アジアの国々は、まさに教育と経済の「圧縮された近代化」の頂点において冷戦構造が崩壊し、政治と文化と経済のグローバリゼーションが一挙に拡大する状況において「アジア危機」と呼ばれる未曾有の経済危機に突入したのです。韓国が、大学進学率が六〇％に達し、国民一人当たりのGDPが一万ドルに接近した時点で、国内の経済が崩壊しIMFの管理体制のもとに組み込まれたのは象徴的です。かつて飛躍的な成功を収めた「東アジア型の教育と経済」は、今や、破綻と危機の象徴になりつつあります。

学力競争による社会移動の活性化は、「圧縮された近代化」が進行している限りにおいて順調に機能します。そこでは学力という「通貨」が、実質以上の価値を帯びるからです。

数十年前までの日本は、子どもの学習意欲においても学校に対する信頼においても、教師に対する信頼と尊敬においても世界でトップレベルでした。「学力神話」が効力を発揮していたのです。「学力神話」は韓国や台湾では日本以上に効力を発揮しましたし、中国では近年もっと激烈に作用しています。たとえば、韓国の普通高校の生徒は、朝七時から夜一〇時まで学校で学習します。正規の課業は午後三時に終わるのですが、学校が塾の肩代わりをして夜一〇時まで受験勉強をするのです。中国の都市部の高校生は、もっと過激で、朝六時から夜一一時まで学校で学習しています。

しかし、「東アジア型の教育」は、教育の近代化が頂点に達し、経済が低成長の時代に移って「学力神話」が崩壊すると、途端にその破綻をあらわにします。これまでのＩＥＡの調査結果を見ると、校外の学習時間として表現される学習への意欲は、その国のＧＤＰの伸び率と高い相関を示していることがわかります。日本の子どもが高度成長期に世界一意欲的に学習していたのも、そして現在、日本の子どもの学習意欲が世界で最低レベルに落ち込んでいるのも、ＧＤＰの伸び率と相関した現象として理解することができます。

「圧縮された近代化」の途上においては、大多数の子どもが、学力をつけ上級の学校に進学することで、親よりも高い教育と社会的地位を獲得していました。しかし、「圧縮された近代化」が終焉を迎えると、事態は逆転し、学校教育を通じて多数の子どもが親よりも高い教育歴と社会的地位を獲得することはできなくなります。「学力神話」の崩壊、すなわち学力という「通貨」の暴落です。

「学力」と社会とのギャップ

学力という「通貨」の暴落は、学校と家庭（子どもと親）の間で起こるだけではありません。企業と学校との間でも、国家と学校との間でも発生します。「東アジア型の教育」は、産業主義社会に適した教育でした。産業主義社会はピラミッド型の労働市場を形成し、この労働市場とピラミッド型の学歴社会と学校システムは、「圧縮された近代化」の推進力として相互に作用してきました。

しかし、冷戦構造の崩壊による経済のグローバリゼーションによって、日本を含む先進諸国は産業主義社会からポスト産業主義社会へと急激に変貌しています。企業は国民国家の枠をこえて多国籍企業へと変貌し、安い労働力を求めて海外へと進出しています。このグローバリゼーションによって、ピラミッド型の労働市場の底辺部が解体されました。

しかも、産業主義の社会ではモノの生産と消費が経済の中心を占めていましたが、ポスト産業主義の社会では情報や知識の交換と対人サービスの提供が経済活動の中心を占めるようになります。ポスト産業主義の社会は「知識社会」とも呼ばれます。「モノの生産と消費」に代わって「知識の創造と交流」が経済の中心になるのです。産業主義社会において抜群の効力を発揮してきた「東アジア型の教育」は、ポスト産業主義社会への移行において大きな齟齬《そご》を生み出しています。こうして、企業と学校の間でも「学力神話」は崩壊し、「東アジア型の教育」で形成された学力という「通貨」は暴落の危機を迎えています。

国家と学校との関係においても、「東アジア型の教育」による学力は、いっそう複雑で深刻な齟齬を生み出してきました。一九八〇年代半ばの中曽根首相以来、日本の国家政策は、新保守主義と新自由主義の政策を基調としてきました。新保守主義は、グローバリズムに対抗して国家モラルと家父長制モラルの固守へと向かい、新自由主義はグローバリズムに迎合して国家の責任を極小化し個人の責任を極大化する「構造改革」に向かっています。

学力との関連では日本特有の複雑な問題があります。欧米諸国の新保守主義は、西欧中心主義の国家主義モラルを復権するために、古代ギリシャ以来のリベラル・アーツ（教養教育）の伝統を復活する改革を推進してきました。しかし、日本の新保守主義は、むしろ西洋の科学や教養や民主主義の精神を拒否することによって日本の伝統文化に根ざしたナショナリズムの復興を推し進めています。「心の教育」とか「生きる力」とか「ゆとり」という翻訳不可能な言葉が教育改革の標語として機能しているのは、この新保守主義によるナショナリズムの結果です。学力よりも人物を重視し、知識よりも態度を重視するという教育評価の転換も、新保守主義のイデオロギーによるものと言ってよいでしょう。

つまり、「学力低下」論によって総攻撃を受けている文部科学省の「ゆとり教育」を中心とする教育政策は、新保守主義のイデオロギーによって推進された政策であったのです。この錯綜した展開が示すように、「東アジア型の教育」の学力は、国家と学校の間においても齟齬を深めています。

したがって、学力問題の核心は「東アジア型の教育」の枠を抜け出して、新しい社会に対応した学力を再定義し、学力の実質的な価値をいかに取り戻すかにあります。「勉強」から「学び」への転換です。

しかし、ここでも東アジアの国々の教育は、複雑な困難に直面しています。たとえば、教育内容の三割削減、小学校一、二年生に生活科の導入、小学校三年から中学校三年まで週三時間の総合学習の導入……。これはどこの国の教育改革でしょうか。これは、二〇〇一年三月に中国の教育部が決定した二〇〇三年実施の教育改革です。「知識・技能」よりも「関心・意欲・態度」を重視した「新しい学力観」の創造……。これは、韓国と台湾と中国で一九九六年から推進されている教育改革の標語です。

もともと東アジアの国々の教育は、戦前の日本の植民地化政策によって日本の教育をモデルとする発展を遂げてきましたが、ここに紹介したような改革の進行は、戦前同様の植民地主義の教育改革と言えるものであり、由々しき事態と言わざるをえません。

中国は今なお、年率九％近いＧＤＰの伸び率を示し「圧縮された近代化」の途上にありますが、東アジアの他の国々は、グローバリゼーションの進行とポスト産業主義社会への移行に対応して、これまでの「東アジア型教育」の呪縛から脱出する改革を模索し続けています。しかし、中国を始めとして韓国、台湾でも日本の教育改革の翻訳が進行している事態が示すように、どの国も有効な活路を見出せていません。

ここで東アジアの学力危機を複雑にしている一つの要因として、新植民地主義のイデオロギーに特有な二項対立の概念構図があることを指摘しておきたいと思います。

「新しい学力観」に如実に表現されているのですが、新植民地主義のイデオロギーは、科学と生活、科学と道徳、科学と芸術、知識と経験、知識と思考、知性と感情、理性と感性、国家と個人、男と女、教師と子ども、大人と子どもなど一連の二項対立の概念構図によって構成されています。「知識・技能」の教育と「関心・意欲・態度」の教育を対立させる「新しい学力観」は、その最たるものと言えます。「教え」と「学び」を対立させる授業観や、「指導」と「援助」を対立させる授業観も、「教師中心」と「子ども中心」を対立させる授業観も、二項対立の概念構図に呪縛された考え方の典型です。あるいは「教科の系統」と「生活の総合」を対立させる考え方も、新植民地主義のイデオロギーの特徴と言ってよいでしょう。

欧米の教育改革や教育言説を概観すればわかるように、これら二項対立の概念構図で教育改革が議論されること自体が、東アジアの教育に根深く潜んでいる植民地主義の体質によるものであることを理解しておく必要があります。これらの二項対立の概念構図を克服した学力の創造が求められているのです。

四「基礎学力」の復古主義をどう克服するか

「学力低下」論を主張する人々もそれに応戦する文部科学省も、「読み・書き・算」の「基礎学力の徹底」を教育改革の中心課題としている点では、不思議と一致しています。教師と教育学者の多くが、「学力低下」をめぐる議論に冷めた反応を示しているのは、このことと関連していまず。

「基礎学力」は何を指すのか

「学力低下」を危惧する意見は、いつも保守勢力から教育の革新的実践を抑圧する言説として提出されてきました。日本では、戦後の新教育に対する「基礎学力の低下」論がそうでした。イギリスでは、一九七〇年代の終わりに労働党の推進する子ども中心の教育に対する攻撃として「基礎学力の低下」がサッチャーを中心とする保守勢力から提出されました。アメリカでも一九八〇年代初頭にオープン・スクールと多文化教育を抑圧する目的で保守勢力から「back to basics（基礎に帰れ）」の運動が起こりました。学力論議は、絶えず保守勢力から提出されるという性格も持っています。

ところで、「読み・書き・算」は「基礎学力」なのでしょうか。確かに、学校で学ぶ知識や社会に参加するために必要な知識が、言語とシンボルの操作によって構成されているという意味において「読み・書き・算」は「基礎学力」と言ってよいと思います。言語やシンボルの操作能力を獲得することなしには、どんな学びも発展させることは不可能です。しかし、「読み・書き・算」を漢字を読み書きする能力や計算能力の習得としてとらえるとすれば、「基礎学力」と呼ぶことはできないと思います。もともと「読み書き」の能力は識字以上の意味を含んで語られてきたからです。

たとえば、「手紙が書ける」というのは字が書けることを意味していたのではなく、「手紙」という様式の文体と表現を活用できることを意味していました。手紙は、まず時候の挨拶から書き始められますが、どのような言い回しを時候の挨拶にもってくるかによって、それぞれ三〇近い漢籍のテキストがその言い回しの背後で想定されていたと言われます。時候の挨拶だけではありません。手紙のすべての文章のすべての言葉が、三〇近い漢籍のテキストを背後に持って使用されていたわけです。「文は人なり」と言われ、「手紙を読めばお郷《さと》が知れる」と言われたのは、手紙を読めば、その人の教養が見透せたからです。私の祖母は明治初年に師範学校を卒業した教師でしたが、幼少の時に学んだ四書五経の教養を持っていました。九〇歳をこえても「近頃の人は手紙一つろくろく書けない」とよくこぼしていました。森鷗外は六歳までに四書五経を暗誦したと言われますが、鷗外にしろ漱石にしろ、明治の文人や教師は漢籍のテキスト群の教養を備えており、その教養を基礎として「手紙が書ける」と言っていたわけです。もちろんこのような漢籍の素養は私の父母の世代で完全に消え失せていますが、ともあれ、「手紙が書ける」という本来の意味や「読み・書き・算」を教育の中心にするという本来の意味は、今日のそれと大きく違っていたことを理解しておく必要があります。

この「手紙が書ける」という本来の意味の「読み・書き・算」は、英語でリテラシー（literacy）と言われます。リテラシーは「識字能力」と翻訳され、イリテラシー（illiteracy）は「非識字」もしくは「文盲」と翻訳されていますが、この訳語は誤解を与えています。リテラシーという言葉の最初の用法は一七世紀のイギリスで認められますが、その時のリテラシーはシェークスピアの戯曲が読めて理解できるという意味でした。今日のアメリカでも、通常「リテラシー」は「機能的リテラシー」と言われて「識字」とは区別され、社会人として活躍する必要最小限の共通教養を意味しています。具体的には、新聞が読めて理解できる能力を指しています。したがって、リテラシーの訳語は「共通教養」とするのが適切だと思います。

このリテラシーという言葉は「基礎学力」という意味で使われています。アメリカの連邦政府におけるリテラシーの基準は、一九世紀半ばに小学校卒業程度の教養と定められ、一九三〇年代に中学校卒業程度の教養と定められ、一九五〇年代に高校卒業程度の教養と定められて今日にいたっています。つまり大衆教育の普及に応じてリテラシー（必要最小限の共通教養）の基準が定められてきたわけです。

「基礎学力」をもし定義するとすれば、私は「リテラシー」の概念で定義するのが妥当と考えています。今日では、ほぼ全員が高校を卒業しているわけですから、高校卒業程度の教養を「基礎学力＝リテラシー」に設定すべきでしょう。生涯学習の時代であることも考えれば、高校卒業程度の教養を「基礎学力＝リテラシー」として設定することは妥当な判断であると思います。

「学力を下から積み上げる」イメージ

しかし、今、日本で主張されているのは、「リテラシー(共通教養)」としての「基礎学力」ではなく、「読み・書き・算」の限定された「基礎学力(basic skills)の徹底」です。「基礎学力の徹底」は、はたして教育の効果をあげることができるのでしょうか。この問題を考える上で、一九八〇年代初頭に取り組まれたアメリカの「back to basics(基礎に帰れ)」の運動は、貴重な教訓を与えてくれます。

「back to basics」の運動は、結論的に言って、復古主義のイデオロギーを学校教育に浸透させるという意味で政治的には成功しましたが、低学力問題を解決できず、若年失業者の拡大をもたらした点で、教育的には大失敗に終わりました。失敗の要因は、大きく分けて二つあります。

一つは、基礎的な知識や技能であればあるほど、反復練習のドリルによる習得ではなく、経験をとおして機能的に習得されることを認識していなかったことによる失敗です。

もう一つは、もっと根本的な問題です。「back to basics」の運動が展開した一九八〇年代前半のアメリカは、産業主義社会(工業社会)からポスト産業主義社会(知識社会)への転換期にありました。一九六〇年代の終わりに全勤労者の七〇%近くを占めていたブルーカラーの比率は、一九九〇年代には一〇%以下まで激減します。この転換によって「基礎学力」で就職できる単純労働の市場は壊滅状態になり、失業者が社会にあふれる状況を迎えました。「基礎学力」重視の教育は、保守層の政治意識は満足させましたが、複合的で高度な知識で組織される社会の変化に逆行する改革だったのです。

　したがって、アメリカの教育改革は、一九八〇年代の半ば以降、「基礎学力の徹底」ではなく、「教育内容の水準の向上」を中心課題として掲げてきました。『危機に立つ国家』（一九八三年）以後のアメリカが、教育内容の知的水準をあげる教育改革を全力をつくして遂行し、一九九〇年代にはＩＴ革命による情報産業によって経済の立て直しをはかりながら、新たな雇用を生み出す知識分野の企業を支援し教育を促進して念願の失業問題を解決したことはよく知られています。

　アメリカにおける「back to basics」の失敗の教訓は、多くの点で示唆的です。第一の教訓である「基礎的な知識や技能は、反復練習によって習得されるよりも、むしろ経験によって機能的に獲得される」という示唆について考えてみましょう。

　たとえば、小学校五年生の子どもがいて、三年生のレベルの漢字しか読み書きができないとしましょう。この子の漢字の基礎技能を高めるために、小学校三年の新出漢字をノートに反復練習させる方法は決して無駄ではありませんが、それよりも、その子が釣りが好きな子であったなら、釣りの本を数多く読ませ、仲間の中で表現させて、漢字に触れ親しみ漢字を使用する機会を増やす方が有効であるということです。確かに、小学三年の漢字を覚え、小学四年の漢字を覚え、小学校五年の漢字を覚えるというふうに、順次、漢字を習得したとしても、その漢字に触れたり使用したりする機会に乏しければ、すぐに忘れてしまいます。むしろ、漢字を誤って読んだり、誤って書くことがあったとしても、漢字に触れる機会と使用する機会を増やす方が、はるかに効果的です。

反復練習としてのドリル学習が重視される背景に、何度も反復練習すれば「定着」するという神話があるようです。確かに、技能の中には反復練習すれば無意識にできるようになって定着する技能もあります。たとえば、自転車に乗る技能などはその典型です。子どものときに乗れるようになると、何年も乗らなくても、身体がその技能を記憶していて容易に乗ることができます。

しかし、学校で学ぶ知識の大半はそうはいきません。九九などは反復練習で定着したように見えますが、使用する機会がなければ、すぐに忘れてしまうでしょう。子どもの時に海外で生活した経験をもった人は、数年もすると、外国の言語を忘れてしまいます。しかし、その外国語の発音やイントネーションは身体の記憶として定着しているものです。知識や技能には反復練習によって定着するものと定着しないものがあるのです。学校で学ぶ計算方法や漢字や英語の単語などは、絶えず活用する経験を続けることが重要です。漢字や計算を最初に習得する時の反復練習は効果的ですが、一度反復練習して習得したからと言って定着するわけではないことを知っておく必要があります。もう一度繰り返しますが、基礎的な知識や技能は、経験を通して機能的に習得されるのです。

だからと言って、暗記や暗誦に全く意義がないと言っているわけではなく、むしろ逆です。昔から「読書百遍、意自ずから通ず」と言われたように、学びにとって暗記や暗誦はきわめて重要です。模倣によって身体に刷り込む方法でしか学べないものがあるからです。芸術の作法や、学びの技法や、スポーツの技法などは、文化の型の模倣が学びの中心であり、暗記や暗誦なしでは学べません。しかし、テキストや手本が模倣に値するものでない限り、暗記や暗誦は百害あって一利なしであることも、同時に認識しておかねばなりません。

さらに、「基礎学力」に関する誤謬の一つに、学力の形成を基礎から順番に上に積み上げてゆく教育のイメージがあります。ほとんどの教師と大人が、この誤謬に呪縛されています。文部科学省も、この誤謬にとらわれて教育内容を三割も削減してしまいました。「つまずいたら基礎にもどれ」は学びの鉄則ですが、その「基礎」とは「基本(fundamental)」の意味であって、「基礎(base)」に下げよという意味ではありません。しかし、大半の教師が、子どもがつまずくとそれ以下のレベルの内容に引き下げて教えようとします。この誤謬は、教育においてもっとも大きな誤謬と言ってよいでしょう。

「学力」は基礎から上に積み上げて形成されるのではなく、逆に上から引き上げられて形成されていくのです。教育心理学を学んだ人は、ヴィゴツキーの「発達の最近接領域」と「内化」の理論を思い出していただければ、この意味が明瞭に理解できるでしょう。「学力」を形成するためには、自分のわかる(できる)レベルにもどって積み上げてゆくのではなく、自分のわからない(できない)レベルの事柄を教師や仲間とのコミュニケーションをとおして模倣し、それを自分の中に「内化」することが必要です。

学びにおいて必要なことは、わからない(できない)ときに階段を降りて下から昇りなおすのではなく、仲間や教師の援助によってわかる(できる)方法を模倣し、自分のものにすることが大事です。学びには〈背伸び〉と〈ジャンプ〉が必要なのです。

これは多くの事例で説明することができます。たとえば、小学生の算数で一番つまずきが多いのは分数の計算ですが、分数の計算の方法を習得したとき、多くの子どもが分数の意味や計算方法の意味を理解していません。分数の意味が納得でき、その計算の意味がわかるのは、通常、比例を習ってからです。今度の学習指導要領の改訂で削減された内容に、台形と多角形の面積があります。実は台形の面積は、多様な解法が交流されて授業がもっとも興味深く展開する教材です。しかも、重要なことは、多くの子どもは、台形の面積を学んで初めて、三角形の面積の求め方を納得しています。学力は下から積みあがるのではなく、上から引き上げられるのです。

学力を下から積み上げるイメージは、底辺校と呼ばれる高校の教師の中に根深く浸透しています。都市部の底辺校と呼ばれる高校に入学してくる生徒たちは、ほとんどが小学校、中学校で「オール1」に近い成績であった生徒たちです。したがって、ほとんどの教師たちが、彼らの学力を小学校三年のレベルと判断しています。ところが、これら底辺校と呼ばれる高校の生徒の意識を調査すると、学校に対する最大の不満が「授業がやさしすぎる」ことです。「もっと難しい授業をしてほしい」という要望が切実に表現されます。教師は「わかる授業」をつくるのに必死ですが、生徒は「わからない授業」を求めているのです。

このギャップは埋まらないまま、都市部の底辺校と呼ばれる学校では五割近い中退者を出しているのが実態です。このギャップを埋めるために、私が協力している底辺校と呼ばれる高校で、入学時の生徒の数学の学力レベルを調査してもらいました。その結果を見ると、教師たちの予想に反して、ほとんどの生徒が小学校六年のレベルの学力を形成していました。しかし、中学校一年レベルになると半数、中学二年レベルになると三分の一、中学三年レベルでは五分の一以下に正答率が減少していました。この結果は、学力が上から引き上がることを傍証していると思います。この生徒たちの通う高校で、もし通常の高校の授業が行われたならば、やはり数学の成績それ自体は「1」のレベルにとどまるかも知れませんが、卒業時には中学校三年のレベルにまで学力の遅れを修復する可能性があるのです。「もっと難しい授業をしてほしい」という多くの生徒の切実な声は、理にかなった要求だったのです。もう一度くりかえしますが、学びには〈背伸び〉と〈ジャンプ〉が必要です。

アメリカの「back to basics」の改革の失敗が教えるもう一つの教訓、すなわちポスト産業主義の知識社会において「基礎学力」のレベルでは就職できないという現実は、現代日本においていっそう深刻です。一九九〇年代以降の先進諸国の教育改革を概観すれば、「基礎学力の徹底」を追求する文部科学省の教育改革が、いかに時代錯誤かを知ることができるでしょう。

グローバリゼーションの進行によって、「東アジア型の教育」が効力を発揮した産業主義社会は終わったのです。その端的な現象がピラミッド型の労働市場の解体であり、単純労働の国内市場の崩壊による若年労働市場の崩壊です。

今、中国の工場の労働者の賃金は、日本の約四〇分の一です。グローバリゼーションによって、日本国内の労働市場の底辺部が外国の労働市場に侵食されるのは当然で、そのしわ寄せは、若年層の労働市場に最も深刻な打撃を与えています。労働省（現厚生労働省）の調査によれば、一九九二年の高卒求人数は一六四万人でしたが、一九九八年の高卒求人数は三七万人にまで激減し、二〇〇一年の高卒求人数は、さらに一五万人にまで激減しました。わずか一〇年足らずの間に、若年労働市場の九割が消滅したのです。

ポスト産業主義の社会(知識社会)を生きる子どもたちに必要な教育は「基礎学力の徹底」ではなく、知識の高度化と複合化に対応できる質の高い学びを実現する教育です。

このまま文部科学省が「基礎学力の徹底」に拘泥《こうでい》するならば、一九八〇年代半ばのアメリカがそうであったように、知的に高いレベルの人材の需要は拡大しても「基礎学力」レベルの人材では雇用されないために、大量の若者を失業の中に追い込み、棄民化させる結果を招いてしまうでしょう。

いつの時代でも、子どもと若者は時代の変化に敏感です。子どもや若者の中に浸透している「学びからの逃走」は、この大きな社会変化の中で未来に希望が見出せないことから生じているのです。

五　習熟度別指導、少人数指導は有効か

文部科学省は、「学力低下」を阻み克服する切り札として「習熟度別指導」と「少人数指導」の導入を推進しています。しかし、「習熟度別指導」と「少人数指導」は、はたして学力の危機を解決するものになるのでしょうか。

効果の疑わしい「習熟度別指導」

「習熟度別指導」は一般に、能力や到達度に応じた指導を行える点で有効であると考えられています。「横並びの画一主義」に固執してきた文部科学省は、よく英断して「習熟度別指導」の導入に踏み切ったものだと評価する人もいるかも知れません。しかし、「習熟度別指導」は、決して斬新な方法ではありません。「習熟度別指導」は塾や予備校では当然のことであり、導入していない塾や予備校を探し出すのは困難です。なぜ塾や予備校では「習熟度別指導」を基本とし、学校は「習熟度別指導」を導入してこなかったのか、その理由は四つあると思います。

第一は、一九六〇年代から一九七〇年代のイギリスの小学校における「能力別編成」(ストリーミング)の廃止の歴史が示すように、「習熟度別指導」は公立学校が立脚すべき民主主義に反する差別の教育だからです。一つの教室や集団の中で一人ひとりの子どもが進度や能力に応じて多様

な活動を展開することと、習熟度や能力に応じた集団やクラスに子どもを組織することとは決定的に違います。

この違いが「習熟度別指導」を導入する人には、まったくわかっていません。それほど民主主義の感覚が薄いのです。公立学校は、教科を学ぶ所であるだけでなく、多様な考え方や個性を学ぶ所であり、多様な能力や個性をもった人とともに生きる民主主義を学ぶ場所なのです。

第二は、「習熟度別指導」を導入しても、教師が増えなければ、組織が煩雑になるだけで、かえって指導に困難が生じてしまうからです。これは容易に想像できることです。

たとえば、小学校で五学級の子どもを算数と理科に限って五つの「習熟度別」グループに分けて指導するとします。「習熟度」の下位のグループを担当した教師は、パニックに陥ってしまうでしょう。これまでは教室に数人、丁寧な指導が必要な子どもがいたのに対して、今度は、教室全体が丁寧な指導を必要とする子どもたちです。よほど教える内容を低くしない限り、対応できません。しかし、そうなると「学力低下」を克服するための「習熟度別指導」のはずが、「学力低下」を促進する「習熟度別指導」になるという矛盾に陥ってしまいます。

また、仮に一人二人教師が多く配置されたとしても、五つの学級を六つ七つのグループに分けて指導するのは組織的に煩雑ですし、テストによる評価を公正にするためには進度を揃えておかなければなりません。「習熟度別」の進度を揃えるというのは矛盾した話です。子どもの方も、通常のクラス、算数のクラス、理科のクラスに応じて三種類の友達関係を築くわけですから大変です。

第三に、学校の授業と塾の授業とを比較すれば一目瞭然ですが、学校のカリキュラムや授業は、所定の知識や技能を段階的に学ぶ塾のような組織のされ方をしていないことがあげられます。教育目標を到達目標で明示し、学習の過程を小さな段階で組織し、学習結果を到達度で評価するという様式において、「習熟度別指導」は効果を発揮します。端的に言えば、自動車学校のように技能を段階的に修得する学習において習熟度別指導は有効な方法です。しかし、このような学習の考え方は、産業主義の時代の効率性を原理とする学習の考え方であり、一九七〇年代までは影響力の大きかった行動主義の心理学による学習の考え方であって、世界の学校ではすでに二〇年前に克服されています。

学校の授業を参観すればわかるように、今日では、日本の学校と言えども、よほど授業の力量がない教師でない限り、塾や予備校のような授業を行っていません。授業もカリキュラムも、個々人の「到達目標」ではなく、教育内容の「主題」を中心に組織されており、多様な能力や個性の子どもがともに参加して学び合うよう授業が進められています。現実問題として、「習熟度別指導」が想定している学習は今日の学校の学習とはかけ離れているのです。

第四に、「習熟度別指導」が学校に導入されてこなかった最大の理由として、「習熟度別指導」の方法が、想定したような効果をあげていないことがあげられます。

「習熟度別指導」と「能力別指導」による学習の「個性化（個別化）」は、一九六〇年代から一九七〇年代にかけて世界各国の授業改革の中心課題であり、教育学研究と教育心理学研究の中心テーマの一つでした。数え切れないほどの実験が行われ、数え切れない量の研究論文が執筆され、教材や指導法や評価方法が開発されました。

しかし現在では、「習熟度別指導」や「能力別指導」を教育改革において推進している国はありません。「習熟度別指導」や「能力別指導」を積極的に研究している教育学者も教育心理学者もいません。現在の教育改革と教育研究の趨勢は「習熟度別」「能力別」による学習の「個性化」ではなく、その廃止であり、多様な能力や個性をもった子どもによる学習の「協同化」にあります。ここでも、文部科学省の政策は時代錯誤であり、世界の趨勢に逆行する独善的な方策になっています。

ではなぜ、一九六〇年代と一九七〇年代にあれほど活発に研究され実験された「習熟度別指導」や「能力別指導」は、その後衰退し廃止されたのでしょうか。「習熟度別指導」の衰退の要因は、政治的、社会的、文化的な要因など複雑ですが、直接的にはその効果が実証されなかったからです。

学習の「個性化(個別化)」に関しては、大別して二つの考え方がありました。一つはブルームの「完全習得学習(マスタリー・ラーニング)」であり、もう一つはクローンバックの「適性処遇交互作用(ATI)」の考え方です。

ブルームの考え方は、教育内容を「認知」「情動」「運動―生理」の三つの領域に分け、一年から一二年までの学年の教育内容を細かく分けて「到達目標」のかたちに分類し(教育目標の分類学)、その「到達目標」を学習の進度に応じて細分し、そのカリキュラムを学習過程で「形成的に評価」して、すべての子どもが教育内容を完全習得する個別化された指導を実現しようというものでした。

他方、クローンバックの考え方は、学習者の適性（aptitude）と教師の指導や教材の処遇（treatment）のマトリックスをつくり、この二つの要素の交互作用を「最適化（オプティマイゼーション）」することによって、学習をもっとも効果的に進めることを追求するものでした。つまり、教材や学習方法や教師の指導などの「処遇」に関しては、学習者の適性との相関で、ある「最適化」する組み合わせがあるというものです。

この二つの考え方のうち、文部科学省が推進しているのは、前者のブルームの方式のようです。ブルームは、少なくとも九〇％以上の子どもが学校の教育内容を完全に習得する学習の実現を求め、莫大なエネルギーと長年の月日を「完全習得学習」の実現のために注ぎました。しかし、その成功はどこでも実証されませんでした。現在、シカゴ市のゲットー（黒人居住区）の学校を訪問すると、ブルームが実験と調査に使った個人別、習熟度別の教材とテストと机と椅子が倉庫に眠っています。ブルームの使用した個人別の机や椅子に代わって、今では、この地域の学校の教室には、豊富な教材や資料と協同学習のテーブルが持ち込まれました。黒人の子どもたちを低学力から救ったのは、ブルームが精緻に研究し続けた習熟度別のプログラムや指導法ではなく、子どもたちが学ぶ教室の教師であり友達だったのです。

「少人数指導」はどう導入されているか？

文部科学省のもう一つの切り札である「少人数指導」は、学力の危機の克服に有効でしょうか。

この答えは自明のように思えます。現在の四〇人学級という悪条件の教室の指導よりも、「少人数指導」の方が効果があるに決まっているからです。たとえ小学校では算数と理科、中学校では数学と理科と英語に限定されているとは言え、二〇人規模の「少人数指導」の導入が有効であることにまちがいはないと思うのは、当然の反応のように思います。

しかし、今、文部科学省が推進している「少人数指導」は、それに見合った教師の数を増やして実現しようとしているのではありません。文部科学省は、四〇人学級という、もはや地球上の一角(東アジア諸国)にしか見られない学級の悪条件を改善する責任を放棄しています。地方分権化の時代だから都道府県の予算でやれ、というわけです。

実際、たとえば、新潟県では二〇〇一年度から小学校一、二年生の学級定員を三〇名としました。他にも多くの県で類似の改善策が講じられていますが、そのほとんどは新潟県のように専任教師による改善ではなく、非常勤講師による改善として実施されていることに留意する必要があります。現在、教員試験の倍率は一三倍です。もちろん非常勤の教師にも優れた教師は多数存在しますが、採用試験に受かった専任教師と免許状だけを保有している非常勤の講師とはその資格と能力において開きがあります。

文部科学省の推進している「少人数指導」は、これまで専任教師で採用していた定員枠を非常勤の講師で採用する措置によって実現させる方策です。一人の専任枠の予算を使えば、三人も四人も非常勤講師が雇えるというわけです。「少人数指導」を実現するために、文部科学省は、教員定数や定員枠の使い方や非常勤講師の勤務形態まで変えて、専任の教師を非常勤に置き換える改革を進めています。「少人数指導」とは表の顔で、その実、専任教師の定員枠のリストラが進行しているのです。

実は、もともと非常勤講師の拡大は、退職校長の特権を維持するために考案されたものです。ほとんどの都道府県が現在でも退職校長に再任用の特権を与えています。しかし、この特権は、二〇〇二年度から実施される情報公開によって県民の批判にさらされることになります。そこで考案されたのが「少人数指導」を退職校長を含む非常勤講師で実現するという案です。「学力低下」を危惧する声が、退職校長の特権の維持に活用され、学校のリストラの準備に利用されるとしたら、とんでもない話です。しかし、事態は、そのように進展しているのです。

幸い、現在のところ、多くの都道府県教育委員会は、「少人数指導」の導入を文部科学省の計画通りには進めていません。どの都道府県も教師が高齢化しており、若い教師を一人でも専任で採用することが重要だからです。しかし、いくつかの県では、文部科学省の計画通り、「少人数指導」や「学級定員の改善」を、専任の枠を非常勤講師にふりあてることによって進めています。学校の将来と教育の質を考慮すれば、由々しき事態です。

現在の学校を訪問してみればわかることですが、今学校では、非常勤講師が急に増えています。一九九九年に文部科学省は、大企業のリストラ対策として、企業をリストラされた人を、教員免許を持っていなくとも小学校と中学校一校当たり三人まで受け入れる決定を行いました。一校あたり三人というのは大変な数です。また、二〇〇一年度から企業をリストラされた人や退職教師を三年間で五万人、非常勤講師として受け入れることも決定されました。これで企業をリストラされて学校に割り当てられる非常勤講師の数は、一校あたり四人になります。それに加えて、「少人数指導」のための専任ポストによる非常勤講師の採用です。

文部科学省の推進する「少人数指導」を推進するならば、多くの学校で教師の半数近くが非常勤講師で占められてしまいます。そうなれば、「学力の低下」どころか「学校の解体」を導いてしまうでしょう。

六　子どもの「学び」を支えるために

ここまで「学力低下」をめぐる議論の検討から入って、学力の危機の実態、危機の背景、危機を克服する施策を検討し、そして現在の「学力向上」の政策に対する批判を展開してきました。「学力低下」について検討してゆくと、「学力低下」の実態そのものより、その実態をめぐる施策や政策のほうが、むしろ問題が大きいことが明らかになります。

この小論の最後に、すべての子どもの学力を十分に保障し、子どもたちの学びを豊かに発展させるために、私たちが追求すべき事柄をまとめて提示することにしましょう。

子どもの学力を向上させる上で、何よりも大切なことは子ども自身を創造的で探究的な学び手として育てることです。そして、子どもを良き学び手として育てるためには、子どもを育てる親や教師自身が良き学び手として成長し行動することが何よりも大切です。学びにおいては、子どもも大人も同等であり対等なのです。その確かな絆《きずな》に支えられたとき、子どもはいくつもの難関をこえて学び続けるに違いありません。子どもにもっとも身近な大人が、学びの苦しみと喜びを知り、学び手としての慎み深さと探究心を備えていなければ、子どもが学びの作法を身につけることは不可能です。

学力の危機の根底には、学びに対するニヒリズムとシニシズムがあり、さらにその根底には日本社会全体における教養の解体があります。「学びからの逃走」は、私たちの社会が陥っている深刻な病理を子どもたちが率直に表現している現象にほかなりません。この小論で、私は、子どもの「学力低下」よりも一般市民である大人の「教養の解体」のほうが、はるかに深刻であると指摘しました。子どもの危機を声高に叫ぶ前に、私たち大人自身の危機について再認識する必要があります。

どんなに「学力低下」論が叫ばれようとも、また教育行政がどんなに「基礎学力の徹底」を推進しようとも、子どもたちは、もはや「東アジア型の教育」の復古主義的な〈勉強〉の世界に回帰することはないでしょう。〈勉強〉の時代はもう終わったのです。いくら〈勉強〉に打ち込んでも、もはや、その行く手に希望もなければ幸福もないことを、子どもたちは、時代に対する感受性によってよく知っています。そして子どもたちは〈勉強〉の世界から離別し、〈学び〉の世界を求めてさまよっています。時代の転換点を生きる子どもと若者の孤独と苦しみに、私たち大人はもっと想像力を働かせる必要があります。そしてこれまで〈勉強〉の世界をまるごと生きてきた親や教師が、子どもたちの未来に横たわる〈学び〉の世界を展望することは、さらに難しいということも厳しく自覚しなければなりません。

〈勉強〉の世界は、何とも出会わず誰とも出会わず自らとも出会わない世界であり、快楽よりも苦役を尊び、批判よりも従順を、創造よりも反復を重視する世界でした。〈勉強〉の世界は、将来のために現在を犠牲にする世界であり、その犠牲の代価を財産や地位や権力に求める世界でした。そして〈勉強〉の世界は、人と人の絆を断ち切り、人と人を競争に駆り立て、人と人を支配と従属の関係に追い込む世界でした。この世界の愚かさを、今の子どもたちはよく知っています。

それに対して、〈学び〉の世界は、対象と対話し、他者と対話し、自己と対話し続ける世界です。自己を内側から崩し、世界と確かな絆を編み直す世界です。自己に対する孤独な内省をとおして人々との連帯を築きあげる世界です。あるいは、見えない土地へ自らを飛翔させ、その見えない土地で起こっていることを足元で起こっていることと結びつける世界です。そして、自らの幸福のためだけではなく、自らの幸福につながる無数の他者との協同の幸福を探求し続ける世界です。このような〈学び〉の世界の入り口に、私たちは子どもと一緒にやっとたどりついたといっても過言ではありません。ここから先は、子どもに導かれ子どもとともに学びあうこと、その実践以外になすべきことはありません。

しかし、次代を担う子どもたちの学びを支援するために、大人の責任としてなすべきことはたくさんあります。たとえば、子どもたちが〈学び〉の世界へと向かうために、四〇人学級という学級定員は、直ちに改善されなければなりません。もはや教科書と黒板を中心に一斉授業を行い、机と椅子が一人ずつ離されて一方向に向かっている教室は地球上の一角（東アジアの国々）に見られるだけで、その他の地域では博物館に入っています。世界の教室は、小学校でも中学校でも高校でも、いくつかのテーブルを中心に組織され、本質的なテーマを中心に深く協同的に探究し学び合う場所へと変化しています。

教科書も改善されなくてはなりません。雑誌のように薄くて内容が乏しく事項だけが詰め込まれた教科書は、〈勉強〉の時代の遺物です。〈学び〉へと誘い〈学び〉を促す教科書は、より上質で科学や芸術のエッセンスが充溢している教科書でなければなりません。欧米の教科書は、日本の教科書よりも数倍の厚みをもち内容も豊富です。日本の教科書は小中学校の場合、個々人に無償で配布されていますが、欧米のように学校の備品にして貸し出せば、現在の予算枠で一冊当たり四倍の予算をあてることが可能です。

子どもに対する評価も改善する必要があります。さらに言えば、子どもに対する評価は、ゆくゆくは廃止する必要があります。子どもたちを創造的で探究的な学び手に育てるためには、他者と比較して評定したり、賞賛したり叱責したりする機能をもつ評価活動はむしろ有害です。〈学び〉に対する評価は、〈学び〉の経験それ自体の充実感と、〈学び〉の喜怒哀楽を共有する仲間と教師と親の承認と励ましでなければなりません。

そして、子どもの〈学び〉を豊かにするためには、教室の子ども相互の学び合う関わりを豊かにする必要があります。

教室の観察を続けていると、子どもたちの学び合う関わりが、教師の指導力の五倍以上の力を発揮していることに気づかされます。これまで一万近い教室を観察してきましたが、教師一人の指導力で低学力を克服した子どもは皆無と言ってよいのに対して、子どもたちの学び合う関わりの中で低学力を克服した子どもが数え切れないほど存在することに気づかされます。

どの教室でも、子どもたちは危機を抱える子どもに対して、教師よりも忍耐強く接し寛容です。どの教室でも我慢ができなくなるのは教師です。子どもの許容性と忍耐強さと優しさには、いつも脱帽してしまいます。学び合う関わりは、さりげない優しさで交渉し合う関わりであり、他者の声を聴く関わりを基盤として築かれています。

文部科学省のなすべきこともたくさんあります。まず高校入試を廃止することです。高校の入試競争が〈勉強〉の意欲を促進する時代は、二〇年以上も前に終わっています。今日の高校入試は、子どもたちが自らの可能性に見切りをつけて学びから逃走するマイナスの機能しか果たしていません。大変な社会的損失です。そもそも高校入試による競争は、「東アジア型の教育」の特殊な産物です。「東アジア型の教育」からの脱皮が求められている現在、その第一歩は高校入試の廃止から着手すべきです。

大学人のなすべきこともたくさんあります。学生の「学力低下」を歎《なげ》いて文部科学省の責任を追及する前に、「学力低下」の犠牲となっている学生の立場に立って教養教育を充実させる必要があります。さらに、日本社会の教養が解体の危機に瀕しているとき、その責任が何よりも大学人にあることを銘記することが必要です。日本社会の現実に深く根をおろした教養を大学人の責任において蘇らせなければなりません。この根本問題をどう遂行すればいいのか。「学力低下」の当事者である学生と連帯することによって、その道は開かれるはずです。

文部科学省と大学が連携して推進すべきことが二つあります。その一つは、学校の教師が大学院で学ぶ機会を大幅に拡充することです。子どもの学びを促進し、学力を向上させる最大の推進力は、教師の教養であり教育の専門家としての識見です。教師の学びを促進し支援することなしに、子どもの学びを促進し支援することは不可能です。

もう一つは、高校卒業後の人々に、生涯にわたって何度でも再出発できる学びの機会を保障することです。ポスト産業主義社会（知識社会）においては、子どもの学力よりも大人の学力のほうが重要です。誕生してから生涯を閉じるまで学び続けることのできるシステムを文部科学省と大学は連帯して築き上げる必要があります。

これらの政策と実践によって、学力をめぐる議論から学びの実践へと私たち自身が歩み出した時、日本の社会と教育は、子どもたちとともに混乱と混迷から脱出できるに違いありません。

（本文中、敬称略）

「岩波ブックレット」刊行のことば

今日、われわれをとりまく状況は急激な変化を重ね、しかも時代の潮流は決して良い方向にむかおうとはしていません。今世紀を生き抜いてきた中・高年の人々にとって、次の時代をになう若い人々にとって、また、これから生まれてくる子どもたちにとって、現代社会の基本的問題は、日常の生活と深くかかわり、同時に、人類が生存する地球社会そのものの命運を決定しかねない要因をはらんでいます。

十五世紀中葉に発明された近代印刷術は、それ以後の歴史を通じて「活字」が持つ力を最大限に発揮してきました。人々は「活字」によって文化を共有し、とりわけ変革期にあっては、「活字」は一つの社会的力となって、情報を伝達し、人々の主張を社会共通のものとし、各時代の思想形成に大きな役割を果してきました。

現在、われわれは多種多様な情報を享受しています。しかし、それにもかかわらず、文明の危機的様相は深まり、「活字」が歴史的に果してきた本来の機能もまた衰弱しています。今、われわれは「出版」を業とする立場に立って、今日の課題に対処し、「活字」が持つ力の原点にたちかえって、この小冊子のシリーズ「岩波ブックレット」を刊行します。

長期化した経済不況と市民生活、教育の場の荒廃と理念の喪失、核兵器の異常な発達の前に人類が迫られている新たな選択、文明の進展にともなって見なおされるべき自然と人間の関係、積極的な未来への展望等々、現代人が当面する課題は数多く存在します。正確な情報とその分析、明確な主張を端的に伝え、解決のための見通しを読者と共に持ち、歴史の正しい方向づけをはかることを、このシリーズは基本の目的とします。

読者の皆様が、市民として、学生として、またグループで、この小冊子を活用されるように、願ってやみません。

（一九八二年四月　創刊にあたって）

佐藤　学（さとう・まなぶ）

一九五一年広島県生まれ。東京大学大学院博士課程修了。学習院大学文学部教授。東京大学名誉教授。学校教育学。子どもの学びを中心に据え、内外の実践から得た知見と理論をバックに、実際の授業改革・学校改革に参画。訪問した学校は二千校を超える。著書に『米国カリキュラム改造史研究』『学校改革の哲学』（以上東京大学出版会）、『教育方法学』『授業研究入門』『専門家として教師を育てる』（以上岩波書店、『授業研究入門』は共著）、『カリキュラムの批評』『学びの快楽』（以上世織書房）など。

読者の皆さまへ

岩波ブックレットは，タイトル文字や本の背の色で，ジャンルをわけています．

赤系＝子ども，教育など
青系＝医療，福祉，法律など
緑系＝戦争と平和，環境など
紫系＝生き方，エッセイなど
茶系＝政治，経済，歴史など

これからも岩波ブックレットは，時代のトピックを迅速に取り上げ，くわしく，わかりやすく，発信していきます．

◆岩波ブックレットのホームページ◆

岩波書店のホームページでは，岩波書店の在庫書目すべてが「書名」「著者名」などから検索できます．また，岩波ブックレットのホームページには，岩波ブックレットの既刊書目全点一覧のほか，編集部からの「お知らせ」や，旬の書目を紹介する「今の一冊」，「今月の新刊」「来月の新刊予定」など，盛りだくさんの情報を掲載しております．ぜひご覧ください．

▶岩波書店ホームページ　http://www.iwanami.co.jp/◀
▶岩波ブックレットホームページ　http://www.iwanami.co.jp/hensyu/booklet◀

◆岩波ブックレットのご注文について◆

岩波書店の刊行物は注文制です．お求めの岩波ブックレットが小売書店の店頭にない場合は，書店窓口にてご注文ください．なお岩波書店に直接ご注文くださる場合は，岩波書店ホームページの「オンラインショップ」(小売書店でのお受け取りとご自宅宛発送がお選びいただけます)，または岩波書店〈ブックオーダー係〉をご利用ください．「オンラインショップ」，〈ブックオーダー係〉のいずれも，弊社から発送する場合の送料は，1回のご注文につき一律380円をいただきます．さらに「代金引換」を希望される場合は，手数料200円が加わります．

▶岩波書店〈ブックオーダー〉　☎ 049(287)5721　FAX 049(287)5742◀